W0233680

Verlag für engagierte Literatur

Für Barbara,
die Menschen und Natur hilft …

Jenny Schon
Fragen bleiben …
vita variatur
Gedichte
Titelbild und Collagen
von Christiane Lenz
Geest-Verlag 2020
ISBN 978-3-86685-802-2

© 2020 Geest, Vechta
Verlag: Geest-Verlag, Lange Straße 41 a,
49377 Vechta-Langförden
www.geest-verlag.de

Druck: Geest-Verlag

Printed in German

Jenny Schon

Fragen bleiben …
vita variatur
Gedichte

Titelbild und Collagen
von Christiane Lenz

Fäden ins Nichts gespannt: wir liegen wund
verwoben in das Material der Qual..

Rose Ausländer, 1942

Mondregen

Das Leben verändert sich, die Fragen bleiben.
Es lasten Jahrzehnte, dieses Wundliegen spüre ich täglich, die
Eieruhr des Lebens rinnt, Vanitas, die Zeit im Mondregen
beginnt.
Die Sprachbilder versuchen das Gelebte mit dem unbekannten
Kommenden zu vereinen, das Gerüst sind Fragen, die bleiben …
Es hatten und haben Lieblinge von mir runde Geburtstage: Paul
Celan, Rainer Maria Rilke, Else Lasker-Schüler, Karoline von
Günderrode, Friedrich Hölderlin und Ludwig van Beethoven…
Ihnen sei das Buch zugeeignet.
Das Leben hat sich verändert durch die Corona-Krise, die Fragen
sind zahlreicher geworden …

Berlin 2020
Jenny Schon

Endzeit
Nichts kann für immer existieren.
Stephan Hawking

Ausgesetzt in meinem Herzen
Versteckt ein kleiner Platz
Der Gefühle
Und nur als Krankschreibung
Zeigt sich Erinnerung
Die ich mit Glaceehandschuhen
Entsorge

Jetzt ist Abstand gefragt
Rekonvaleszenz der Fürsorge
Auf zwei Meter
Selbst Greta weiß
Nicht wirklich
Wie kostbar Leben ist

Die Gestirne stehen
Unergründlich
Orion schnallt den Gürtel
Das Himmels-W widersteht
Dem Schwarzen Loch
Andromeda wird nicht geopfert
Im Stillen vollzieht
Sich die Veränderung

Wenn du einen grünen Zweig
In deinem Herzen trägst
Wird sich ein Vogel
Darauf niederlassen
Das sei dein Lied
Es ist ewig[1]

Mond
Zum Fünfzigsten der Mondbesteigung

Regen gibt es nicht
Auch nicht Schnee
Nicht Blumenteppich
Kein Wind
Der die Blüten bestäubt
Es fehlen Schmetterlinge
Für den Tanz
In den Himmel …

Aber eine Flagge
Vor die Kamera gestellt
Menschenfußabdrucke
Und DNA-Spuren

In Gedichten seit
Jahrhunderten besungen
La Luna – du Zauberin
Der Liebe –
Das Hochzeitskleid
Voller Rätsel
Der Mensch wird sie
Entzaubern …

Mimesis
Für Wolfgang und Ludwig ...

In meiner kleinen rheinischen
Heimat sang Mutti
Komm in das Traumboot der Liebe
Und tanzte wie Catharina Valente
Vati pfiff den River Quai Marsch
Und mit Freddy fuhr ich
Übers Meer nach Rio und Shanghai
Meine kleine Welt hatte
Sehnsüchte die die Medien
Befriedigten und sonntags
Der Internationale Frühschoppen –
Das war ein Ritual – Prost

Dann hörte ich Mozarts kleine Nachtmusik
Das waren andere Klänge
Oma sagte der war ein Kavalier
Mit seinem Zopf und Opa
Trank Cafe Melange mit
Einem Stamperl Marillenlikör
Das hatten sie aus ihrer
Böhmischen Heimat in Erinnerung
Die sie verloren

… und nun in Bonn lebten
Ich stand vor seinem Haus
Ich stand vor seinem Grab
Es war Liebe auf den ersten Ton
Oh Freude schöner Götterfunken
Jubelte ich die Missa solemnis
Machte mich zum Weltbürger
Bei der Fünften vibrierten meine Adern
Und das Violin Concert lockte
Das Kind das meine Mutter war und
Aus Armut den Geigenunterricht
Abbrechen musste …

Schöne Welt der sirrenden Saiten
Ich lebe in den Sternen
Wenn ich euch lausche ganz nahe
Den Vögeln im Baumhaus
Entrückt dem irdischen Tosen
Für einen Augenblick
Tochter aus Elysium
Flügelwesen sein
Das in Liebe die Welt zusammenhält
Ja Freude heißt die starke Feder
In der ewigen Natur

fragen

spuren im gras
es könnte mein schritt sein
vor jahrzehnten bin ich gegangen
wann komm ich wieder

wo habe ich mich verloren
die wegkreuzung zeigt
nur in eine richtung
rückwärts in die geburt

es wurde festgelegt
dass ich das bin
ein name wurde mir gegeben
und gesagt dass sei meine

heimat – ja die
spuren im gras …
sie führen zum waldhain
da werde ich liegen

mit meinen fragen

Baumelegie

Wer wüsste nicht den Schutz
Der Bäume zu schätzen
Die Kühle spenden
Duft verströmen
Sich dem Trost anvertrauen
Den ihre Kronen geben
Für das Dach Geborgenheit

Stirb nicht Baum
Wenn Ruß dich befällt
Trockenheit dich beutelt …
Ich bin dein Gefährte
Umarme dich
Gerade jetzt in
Coronazeiten brauche
Ich deine Nähe
Dein Puls schlägt an mein Ohr
Leben …
Stirb nicht, Freund

die dohlen ziehen

es wird sein wie jedes jahr
die brunnen werden abgedeckt
das gras wird blass und eine
feine rauschicht bestäubt
die gefallenen blätter
die dohlen ziehen westwärts
eine nebelkrähe schlägt
den tauberich der mich
früh weckte mit seinem
liebesgegurre

es wird sein wie immer
die kinder vergessen den
sommer den brunnenstrahl
das leckere eis und freuen
sich auf das martinsfeuer
die kraniche erheben
sich schwerfällig mit
geschrei sie holen
die dohlen ein

es wird sein wie immer
im frühjahr kommen sie zurück
ziehen über die stadt
und wecken sehnsüchte
die kinder tragen
söckchen der
brunnen sprudelt
der eismann klingelt
zur saison und auf
den bänken sitzen
alte die den winter
überdauert haben …

12

Dornröschenzauber

In sich versunken
Eine seinsform
Der verhaltenheit
Stille auf dem asphalt
In den ranken
An den balkonen
Verfangen sich die
Lieder für helfende
Hände klatschen
Unterbricht die stille
Und manchmal
Der leichenwagen

Noch nicht mal
Hundert jahre erträgt
Der mensch den zauber
Selbst hundert tage
Lässt sich der Gott
Konsum nicht
Bremsen die fallzahlen
Steigen und der CO_2 Wert
Gibt das Tempo vor ...

endlich regen

der regen legt sich
wie im Schärengarten
liegen die regenpfützen
auf dem von der
sommerhitze zerborstenen
asphalt

das war ein schwitzen
das sauna überflüssig machte
und jetzt das grau
das an das letzte gelb
der platanen pocht
und die gedanken
schält wie ihre borke

was wird sein
wenn das licht flüchtet
in die frühe dämmerung
wie ein verirrtes heer

der regen meldet
sich wieder als
einsamer kurier
der welt
vor meinem fenster
das verschlossen
schaut ein Tagpfauenauge
zu mir herein
Marienkäfer auf der
suche nach ihrem winterquartier
überstürzen sich

ich sehe den staub
des sommers
wie Gaze behängt er
meinen blick
der regen zieht
schlieren vielleicht
werde ich morgen
das fenster putzen
oder nächste woche
oder

tanz in den mai

kornblumen verflochten
im blau des himmels
zu einem maienkranz
das mädchen fliegt
in die sekunden des glücks
der pfaffenhut lockt mit
seinem roten gift auch dieses
jahr keine hochzeit
die bienen sind ausgestorben

erinnere dich mädchen
dass du fliegen kannst
erinnere dich an das glück
das pfaffenhütchen lockt
ohne gift und die bienen
tanzen mit dir den hochzeitstanz
das wird so sein
erinnere dich mädchen
nur erinnern schafft leben …

Für Peter
der am 16. August 2019 in Los Angeles starb

… freedom is just another word
sang Janis Joplin und starb
in Gedanken an Bobby McGee
Unsterblich wurden sie
übers Land ziehend und die
Gitarre weint in ihrem Gefolge
sehr verhalten Peter Fonda auf
fetzigem Motorrad Born to be wild
War seine Art Freiheit zu genießen
Einzig Jack Nicholson sah die Freiheit
Gefährdet durch Außerirdische
Er verlor als Erster durch den Wahnsinn
der Spießer sein Leben
Dennis Hopper flog ihm hinterher
Und auch Peter macht den folgenschweren
Luftritt in die Ewigkeit den Hass verursacht
Freiheit ist die Freiheit Andersdenkender
Aber nicht der Fanatiker …

"Freiheit" ist nur ein anderer Begriff
für "Nichts zu verlieren haben"
Janis Joplin

... aus der zeit gefallen

herbstzeitlose
blau unendlich zieht
der himmel
das eitle geschehen
der welt bleibt vor dem
himmelstor stillstand
im weltentheater das
gackern der smartphones
verstummt wir sind
aus der zeit gefallen
im himmel kein
klingelton ...

... ich flamme

verglühe im strudel von licht
könnte sein der blütenduft
zur erinnerung
dass ich lebte

die weisheit ist
die möglichkeit zu wissen
ob ich war
ist ein anderes kapitel
im verschlossenen buch

des lebens

Zwischenzeit

Milliarden schrumpfen
Zu taschengeld
Im verhältnis zu den
Zahlen die in coronazeiten
Freigeschaufelt werden
Gelder die wir alle
Erschaffen
Werden hin und herbewegt

Die armen hocken
Mit vier kindern
In zweizimmerwohnungen
Leben von der Tafel
Und dem funken hass
Der in ihnen bohrt
Weil der job gecancelt

Ein künstler klagt nicht
Ihm fehlt die farbe
Für seine bilder
Die die zeit einfangen
Die sängerin schweigt
Ihr aerosol schwirrt noch
In den konzertsälen
Die dichterin kaut
Buchstaben

Von menschen gemacht
Steht die welt kopf
Ballermann und querdenker
Werden die dreckschleuder
Der zweiten welle
Sie tragen keine maske
Nach mir die sintflut
Im winter husten viele
Ein leben ist eine kleine
Nummer im weltenall

Nachtschatten
Rainer Maria Rilke
4. Dezember 1875 † 29. Dezember 1926

Rose,
oh reiner
Widerspruch,
Lust,
Niemandes
Schlaf
zu sein
unter soviel
Lidern.
Auf Rilkes Grabstein in Raron (Schweiz)

eines schlaf zu sein
unter tausenden lidern
liegt Rilke neben mir
auf meinem nachttischchen
ich zähle seine wimpern
jeden abend

ich kann nicht schlafen
Berberitzen flammen
speerspitzen der
gatter im tigerkäfig
stoßen in mein herz
gebrochene augen

starren auf den schlagschatten
der nacht
seit jenem moorlicht
trage ich sein kind
zwischen buchdeckeln
die sich wölben
unfruchtbar

sein herrgott
hat kein erbarmen
mit dem süßen wein
machte er mich
süchtig nach der liebe
von worten gehaucht

in die poesie der nacht

Salamanca

die sonne wird schwerer
im laufe des lebens
oh mein freund
das lila der heide
verdichtet das bild
das ich habe
von einer frische
die vor mir floh

ein regen der düfte
erinnerung an den tanz
den dein körper versprühte
mücken über wasserlilien
gedrückt die linden
im gully ausgespült
vom donner meines herzens

ich habe schwer zu atmen
jahrzehnte, mein freund,
liegen auf der brust
und in meinen armen
ein ferner geliebte r...

grammatik deiner beine
syntax deiner arme
umschlinge mein gedicht
körper des tanzes
taumeln mit dir
oh freund

ein feuerwerk der worte
punkt komma strich
ein lied der bewegung
fließend fließt der fluss
in tönen von blau die
stille greifend
ein schrei liebe
und tod
oh geliebter
ich muß von dir lassen

tanz in der hölle
tanz im himmel
liebe über den sümpfen
libellen fliegen
ich folge dem hufschlag
der stiere
sangria sangre blut
ein tropfen auf meiner haut
samen auf der ruine
von salamanca
damals
ein liebesritt
durch die pampa
olivenhaine wie
versteinerte liebhaber
in reih und glied
zischende eifersucht
eine schlange unter
unserem lager
am nächsten morgen ein
langsames sterben
abschied

paradies

der Bovist stäubt
einem wolfsfurz gleich
entweichen seine sporen
die mooswiese war
mein wochenbett
vor der geburt
war licht am ende
eines tunnels …
ich atme schwer
konnte loslassen
und ging meinen weg

als die fährte sich verliert
fügte ich worte zu
einem kindervers
und dankte meinem
großvater dem behüter
des waldes
dann verließ ich den wald
der kindheit
allein war ich stark
fuhr in die städte
die mittel waren
zeitgemäß

bei den kathedralen
verfing ich mich
im taumel der
fensterrosen
und sah den liebsten
Quasimodo gleich
um mich kämpfen
im garten
Getsemani rastete
ich unter olivenbäumen
und hoffte
mein gebet um
frieden werde
waffen schweigen
machen

in den hängenden
gärten der Semiramis
flehte ich um regen
für die trockenen flussbette
und an der Großen Mauer
um gerechtigkeit
kehrte zurück auf
meine mooswiese
in Bonn
mit den stäubenden
Bovisten den wolfsfürzen
kletterte in meinen
geburtstunnel
und erholte mich vom
leben - auch ich
verwand nicht
den tod

Cäcilia
Zum 22. November

Die Bilderstürmer zu Aachen
Hat dein Gesang bekehrt
Du in deinem weißen Kleid
Künderin der Winterzeit
Hast auch Heinrich von Kleist
Becirct mit deinem Orgelspiel
An deinem Gedenktag
Ein Tag nach Kleists Hinscheiden
Bedeckt Schnee sein unbenamtes Grab
Der Winter ist nah...
Auch Henriette Vogel war Patin
Der kleinen Cäcilie Müller
Der Heinrich seine Geschichte
Die heilige Cäcilie oder die Gewalt der Musik
Schenkte – wahrlich eine Fanfare der
Göttlichen Harmonie...[2]

Notre Dame

die Zanner schmelzen
ihre giftige Zunge
bleckt gegen Flammen
die Menschen klatschen
wenn wieder eine
Lohe besiegt …

Notre Dame amour
ich saß an der Seine
und rauchte Gitanes
und träumte
von einer Göttin
in Frankreich
Juliette Gréco

Camus war verunglückt
Der Fremde in meiner
Hand…
ich lernte nie französisch
ich sprach es mit dem Herzen
es waren meine Nachbarn …[3]

Lorelei

für Rose Ausländer
(* 11. Mai 1901 in Czernowitz; † 3. Januar 1988
in Düsseldorf)

Fäden ins Nichts gespannt: wir liegen wund
verwoben in das Material der Qual..
Rose Ausländer, 1942

…ich weiß
was es bedeutet
gelockt zu werden
in den Herbstwald
über dem Rhein
die Pilze verführen
mit ihrem Erdduft
wurzeln in den
Waldfried meiner
Mutter die gerne
Rheinländerin geworden

Ich kenne das Lied
der Sehnsucht
nach Ferne
dem Geliebten
Übers Meer lockte
mich der Gesang
der Sirenen
lag ich in
Odysseus Armen
am Stamm des
Olivenbaums

Geblieben ist
der Gesang von
einem Leben
das keine Heimat
kannte kein
Halten kein
Vertrauen
in ein Lied
das zu viel
versprach
Bleiben…

Fragen ...

Meine Gedanken
Könnten die Menschen
In meinen Büchern lesen
Meinen Sorgen nachspüren
Meine Liebe ahnen
Aber werde ich ihnen
Je wieder bei meinen
Führungen den genius loci
Nahebringen können
Wo Franz Kafka mit
Nora Diamond kuschelte die
Ihm sein letztes Lebensjahr
Versüßte in Steglitz vorbei
Ratterte die Straßenbahn
In den Grunewald
Auch Rilke fühlte sich
Gestört in Schmargendorf
Wenn die Berliner in den
Grunewald zogen und
Lou Andreas Salomé ihm
Borschtschsuppe kochte
Während er in seinem
Russenhemd
Den Cornett rezitierte
Oder in Grunewald von
Judith Kerr erzählen der
Hitler das Kaninchen stahl

Am Prager Platz Emil und
Den Detektiven lauschen
Und am Kurfürstendamm
Meine Liebe gestehen zu
Else Lasker-Schüler
Die das Weltende ahnte …

Wird Corona uns die
Chance geben diesen
Genuinen Orten weiter
Beizuwohnen…?

... kleiner als eine Laus

Trauer muss Elektra tragen[4]
Wegen inzestuöser Liebe
Auch Corona vermag
Mit seinem Engezwang
Menschen aneinanderzuketten
Die getrennt besser leben könnten
Ohne Schläge, Machtmissbrauch
Vergewaltigung
Corona ist ein vielfacher Mörder
Durchbricht alle Tabus
Verletzt ungehemmt feine
Seelen die der Liebe die
Hand geben nicht steril
Die dem Liebenden Küsse
Schenken ohne Mundschutz
Die in der Umarmung
Glück finden geborgen zu sein
Mordlust pur hat dieses Monster
Kleiner noch als eine Laus

Das Selbst
Corona gewidmet

Und es gehen die Menschen hin,
zu bestaunen die Höhen der Berge,
die ungeheuren Fluten des Meeres,
die breit dahinfließenden Ströme,
die Weite des Ozeans und die Bahnen der Gestirne
und vergessen darüber sich selbst.
(Petrarca, Confessiones X, 8)

Wohlan
Das Staunen auf den Bergen
Brachte keine Befriedigung
Was ich sah war klein
Und die Menschen
Waren sich nicht
Freund

Wohlan
Den Meeren zuströmend
Flüsse denen ich folgte
Und im Sternenhimmel
Landete fern auf den
Inseln der
Liebe

Anderntags
Kam ein Schiff
Darauf ich
Mich gebar
In Schweigen gehüllt
Habe ich mich selbst
Es ist schön warm

Chinesisches Zeichen für:
Regen - Yǔ

Regenerinnerungen

Von Schöpferhand
Geordnet fallen Tropfen
Draußen vor dem Fenster

Der Betrachter
Sitzt geschützt
Unter dem Dach

Es pocht
Komm herein
Sagt das Poem …

Schnee ...
auf meinem herzen

es ist so kalt der glockenschlag
und jede minute zählt
ich hab sie verloren
die mit mir beteten
für frieden
auf unseren
truppenübungsplätzen

damals im wald
bei Dannenberg
jeder baum ein geliebter
beim lagerfeuer
we shall overcome
und in West-Berlin
abertausende Wehrdienst
geflüchtete

in mein herz fällt schnee
am Hindukusch
die blutspur der gewehre
an der Seidenstraße
der handel einer waffenindustrie
in Aleppo flammende menschen
als bomben einer ideologie
in Timbuktu bücherverbrennung
und schulmädchen als geiseln
und allüberall im netzwerk
die löcher stopfen
durch die der frieden fällt

doch war da nicht mal
ein ganz einfacher ort
mitten im winter
wo schnee geschmolzen
wo neues leben
frieden beginnen konnte

es ist der ort
der dir am nächsten
du bist es selber
der frieden schaffen kann ...

Eisenhimmel
für Georg Heym
und Ernst Balcke

Über die Havel gespannt
Der große märkische Himmel
Das Fischerdorf Gatow
Senkt sich in den
Abend
Dein Freund Ernst
Vorneweg
Stahlblitze
Die Kufen
Am Ufer
Eisspeere
Ineinander verzahnt
Das Eis reißt auf
Ernst! ein
Hilfloser Schrei
Die Havel ist
Stumm

Zuhause liegt die Bestätigung
Des Infanterie-Regiment Nr. 98 Metz
Sie gaben deinem Eintrittsgesuch statt
Im Ersten Weltkrieg
Wird ein großes
Stahlgewitter wüten[5]

Oh, Unsterblichkeit

zum Tod von Bruno Ganz
(22. März 1941 in Zürich, † 16. Februar 2019
ebenda)

oh Prinz von Homburg
jetzt Unsterblicher
bist du auch mein

als Toter gehört
das Genie allen
auch mir

wenn ich beim Grab
von Heinrich von Kleist
bin am Wannsee

werde ich dir einen
Kieselstein legen
in das Mosaik

der Unsterblichen …

Cherub

Friederike Mayröcker gewidmet nach einer Lesung in Berlin
(* 20. Dezember 1924 in Wien)

Wilderin in den Gängen der Grammatik Ich folge dir
Knarrende Dielen ausgetretene Stiegen Luft dick
dass die Ohren dröhnen
Witterung aufnehmend und schon greifst du in den
Raum
mit den unverbrauchten Wortstämmen

Ich traue mich nicht deine Spinnenbeinfinger zu strei-
cheln
die Worte ergreifen als seien sie eine Beute
Jägerin selbst auf der Hut vor der Zerstörung der Zeit

Deine stockigen Glieder zerfallen Ein Schattenspiel
wenn das Licht schwindet Deine gläserne Sprache
zersplittert mein Herz
Du fällst meinen Wortstamm Ich bin sprachlos
Deine Zunge spaltet
mein Trommelfell Ich blute aus in deiner Kraft

Was übrig bleibt düngt eines Tages
das Ruhebeet der Worte
Du signierst das Buch entwirrst
dein Gerippe erhebst dich und
der Schatten Ernst Jandls folgt dir
Ich gehe zum Kleistgrab nach Wannsee
die Selbsttötung der Dichtung betrauernd
und du fährst nach Wien

Berlin läßt nicht locker Der Potsdamer Platz ruft dich
Sie sind wieder hineingewachsen deine Gebeine in die
ausgelatschten Schuhe eures gemeinsamen Lebens
So bereift bist du reisefertig

Die Wunden im Sand schließen sich
Auf deinem Herzen trampeln
Touristen Noch immer Ernst Jandl am Lesetisch und du
sagst es war am Küchenfenster beim letzten Mal
Es ist schwer
einen Mann auszukehren
Auch die Berliner Stadtreinigung
hat keinen Container für Gedichte zwischen Hochhäu-
sern

Der Verkehr für einen Abend beruhigt
Ein kollektives Lauschen
deiner staubigen Stimme Knarrende Dielen beim Ab-
gang

Der Abendstern ist dem Cherub gewichen

... Mundvoll Schweigen

Mundvoll Schweigen
schütte ich morgens
aus meinem Schlaf
ich muss den Tag ordnen
heute werde ich was sagen
zu den Gewalttaten
die die Frau mit dem Rollator
auf der Straße vor
sich herjagen
am Mittag rast der Autofahrer
auf den Zebrastreifen
auf dem Schulkinder gehen
im Mittagsschlaf
erhole ich mich
jetzt werd ich es ihnen geben
die mit ihrem Schrillen
den Abendgesang der Amsel
unterbrechen mit ihrem
Saufgelage die
Nachtigall stören
ich werde schlafen gehen
und die Ohnmacht ausspucken
aber am Morgen
beim Zähneputzen
ist der Mund wieder voll
von geträumten Vorsätzen ...

Apokalypse
Corona-Nachleben

Die verschattete Wand
Im Abendlicht
Die Schriftzüge verblasst
Wischt die Regenfront ab
Sturmwand rollt an
Die klare Sicht folgt
Ich sehe die Erdgeschichte
Eine Felswand kracht ab
Den Adlerhorst reißt's auseinander
Tempel und Säulen zerbersten
Das Menetekel warnte
Deine Tage sind gezählt
Es ist Krieg

Der Worte zu viele
Gesprochen geschrieben
In Orakel verschlüsselt
Mit Hassdrohungen gespickt
Verschwörungshymnen
Ich sehe die Erdgeschichte
Die Arche Noah vollgepackt
Mit biologischem Müll
Der keine Überlebenschance hat
Und Gott sah
Dass es gut war

Er konnte nicht
Sehen es waren zu viele
Auch Viren…

scharfkantisch
Gedanken zum neuen Feiertag 8. März

Die Kante im Kopf
lässt Menschenrechte
für Frauen nicht zu
Olympe de Gouges[6]
forderte sie und wurde
Opfer der Guillotine
war da was
Aufklärung
Selbstbestimmtheit
für alle …

Rousseau hatte es mit der Natur
sich frei entfalten
ist ein Anfang gewiss
er befreite sich
und hatte mehrere
Kinder in Waisenhäusern

Wie Olympe drängte ich
in die Streitwelten der Politik
des Wissens hatte einen Kopf
mit Synapsen die funktionieren
an der Uni waren wir auch schon
ein paar Frauen mehr …
aber nur wenige aus der
Arbeiterschaft – bis heute

Und immer noch reden Frauen
sagt man aus dem Bauch
können nicht denken
zu emotional
An meiner Uni nicht anders
als bei Fichte[7]
auch er mochte keinen
Weiberkopf in seinen
heiligen Universitätshallen

Und Hegels Weltgeist
Er hatte zwei prächtige Söhne
und einen Sinn für Logik
Der physiologische
Schwachsinn des Weibes
aber blieb trotz Aufklärung
und Französischer Revolution

In der industriellen Revolution durfte
die Frau wie der Mann ackern
das war neu auch unter Tage
10 Stunden und mehr
Neuseeland und Australien
waren die Vorreiter
und mit Marx und Engels
assistiert von Jenny
hatte der Achtstundentag
eine internationale Stimme
zwischen London Paris
und dem Wuppertal

Wie der Achtstundentag
ist es auch erst hundert Jahre her
dass Frauen studieren und
wählen dürfen
seit fünfzig Jahren
dürfen Ehefrauen ein
eigenes Konto haben
und ohne Zustimmung
des Ehemannes arbeiten
seit 20 Jahren ist
die Vergewaltigung
in der Ehe strafbar
In Arabien sogar
dürfen sie neuerdings
Auto fahren
Gleicher Lohn für
gleiche Arbeit
jedoch …

ist immer noch Utopie

Frühlingsahnen
Zum Frauentag, der auch ein Männertag sein könnte …

Und dräut der Winter noch sehr
wie Emanuel Geibel einst sang
doch heute drohen
ganz andere Kaliber

mit der Schneeschmelze
kommen keine knospenden
Blüten faschistoide
Sprüche brechen auf

ganz frisch und frei
auch in den Parlamenten
Rechte Phantasien waren
immer Männerphantasien…

ich habe Handinhand
mit Jan die Panzer bekränzt
mit Flowerpower Jim die
Einberufungsbefehle verbrannt

ich habe mit Georg
in Brokdorf den Natodraht
gekappt und in Wendland
ein friedliches Dorf errichtet

in Leipzig einen Gottesdienst
besucht für den Frieden
und mit Peter Maffay
gewetteifert um die Freiheit

die ich meine …[8]

Streu Blumen, mein Kind
Gespräch über Corona

Die alten Wege wieder gehen
Zertreten die Kieselsteine
Von der Last der Jahre
Die Menschen noch mal
Treffen auf der Bank
Sitzen und in die Vergangenheit
Blicken Alles noch mal von vorn
Beginnen Will ich das?

Will ich mit der Maske der Zeit
Die Schemen von früher verzaubern
Trolle die meine Blutbahn
Durchhüpfen in die Pfützen
Meiner Tränen stampfen
Und mir beim Wäscheaufhängen
Der Schnupftücher helfen
Will ich wirklich das

Leg die Ohren an schrie ich
Sie vergiften Hunde
Und griff mein Kind
Ich raste in die Zeit
Überholte die Schnecken
As Lößerde
Um fruchtbar zu bleiben
Aber es half nichts
Der Satan war am
Werk und der Strom riss
Die Früchte mit

Die Häfen sind geschlossen
Die Welt ausgesperrt
Ein trauriger Wind
Streunt über
Heimatloses Land

Will ich das wirklich
Wieder einfangen
Die Sorgen um die Meinen
Den Hund retten
Aus den strudelnden Wirbeln
Mein Kind großziehen
Das von keinem Vater weiß
Will ich wirklich
Die Bänke der Philosophen
Wieder schrubben die mir
In der Höhle den Spiegel
Entrissen auf dass ich
Erblindete vor ihrem Wissen

Hab ich nicht in den Brunnen
Geblickt und mich gesehn
Als alte Frau die blinde Seherin
Die tief in die Erdgeschichte
Dringt und alle Kriege
Sieht die vergangenen und
Kommenden und die Plagen
Sieben an ihrer Zahl voraussagt
Und die Meere ansteigen
Und die Gischt alles frisst
Die Lebenden und die Toten
Will ich das alles wissen
Und mitnehmen in mein Grab
Streu Blumen, mein Kind, streu…

Was für ein Leben

Karschin
(Anna Louisa Karsch geb. Dürbach -
* 1. Dezember 1722 in Hammer, Nähe Schwie-
bus; † 12. Oktober 1791 in Berlin)

Geschlagen getreten als magd
Von mutter und gatten
Ungeliebt verschachert
Zum arbeiten und kinderkriegen

Und doch gebiert das lyrische
Ich unglaubliches das Goethe
Lockte Friedrich den Großen
Und auch Lessing ansprach

Gleim krönte sie zur
Deutschen Sappho und
Setzte ihr ein literarisches
Denkmal in Halberstadt

Erst König Friedrich Wilhelm II
Schenkte ihr in Berlin ein Dichterhaus
Geehrt wird sie auf dem Sophienfriedhof
Kennst du Wanderer sie nicht
So lerne sie kennen

Von Dornen und Stacheln

Die Distel ist ein wehrhaftes Gewächs
Ich würd sie dem Trinker
In den Garten setzen
Darauf er sich ausruht
Und randalierend es
Nicht mehr ins Haus
Schafft

Auch die Rose stachelt vor sich hin
verführt das hübsche Mädchen
Und hinter dem Schlehenbusch
Hat's dem jungen Mann
Die Hose zerrissen

Die Berberitze ist mein
Favorit rotglühend
Mit Blattdornen unsichtbar
Dringt sie in das Dichterherz
Oh schöner Schein

Königin der Nacht
Die größte Verführerin
Hält uns Nächte wach
Und übrig bleibt
Ihr Stachel oder ist's der
Dorn

Corona-Glück

Die gute luft
Führt dazu
Wieder mehr sterne
Zu sehen
Nur die satelliten
Verzerren ihre spur

Gestern las ich
Auf einem plakat
Hinter einem fenster
Alles wird gut
Ein rotes herzchen
Als unterschrift

Die stille in
Den straßen
Lässt die vögel
Jauchzen und
Mein herz -
Auch das ist rot

Vor dem fenster

Ich gieße blumen
auf der fensterbank
die zugvögel sind südwärts
ein paar meisen
gesellen sich zu mir
auf dem balkon
letzte gelbe blüten der
kapuzinerkresse beugen sich
dem wind das blau
ist verschwunden

hinter der birke
die straße auf und ab
jaulen motoren
über glitschige blätter
rutschen menschen
auch die bäume
ziehen sich zurück
ihr geäst wirkt starr
der lärm wird unerträglich
warten auf schnee
die alten scheuen die straßen
es ist alles gesagt
ich schließe das fenster

Die Waffe von heute

Greta von 1905
Hieß Bertha
Die Waffen nieder
War ihre Parole
Sie kämpfte unermüdlich
Für Frieden…
Auch sie bekam einen
Nobelpreis

Heute kann nur Frieden sein
Wenn Menschen Wasser
Zum Trinken haben
Für ihre Felder
Wenn Menschen nicht
Fliehen müssen vor dem
Salzwasser der Meere

Die Waffe heute
Heißt Land
Bewohnbares Land
Fruchtbares Land

Die Waffe heute
Heißt Luft
Saubere Luft
Zum Atmen

Die Waffe heute
Hat einen einzigen
Namen: Mensch
Im Guten wie im Schlechten

Die Waffe heute
Bist du
Entschärfe sie
Sei sorgsam

Styx

jeden tag
muss ich sie durchschreiten
täglich fällt es mir schwerer
sie schweigt
ist stille
hat keinen quell
fließt in kein meer
ist ohne anfang
ohne ende

ich trainiere
treppauf treppab
stufen kann sie
nicht steigen
sie ist ein träger strom
sie wird
mich holen
eines tages
der mir bestimmt

die ewigkeit

Ströme Europas

Ich bin den Rhein
geschippert die Hand
in den Strom gehalten
die Lorelei hat
gesungen
Bischöfe geprasst
auf den Kathedralen
sitzen Möwen und
sehnen sich nach
Frankreich ans
Meer

Hier ist mein
Vaterland
an der Elbe aber
lebe ich in dem
Duft des Gentian
der auf der Schneekoppe
blüht an der Elbe
leben meine Geschwister
in den Tannen die Ahnen
an der Elbe wächst meine
Muttersprache
hier darf ich
schweigen

Schweigegitter

Für **Paul Celan**
(23. November 1920; † 20. April 1970)
und
Rainer Maria Rilke
(4. Dezember 1875; † 29. Dezember 1926)

Mundvoll Schweigen
kann Krieg verhindern
dieses Gerede
zwischen falschen Zähnen
ich liebe dich

Tiger kreuzen
Gitter in großer
Einsamkeit
nur das Glotzen
der Menschen
trübt ihren
Blick

die Seele lebt
im Dichter
er kann es
wegdichten
dieses Monster
Sperrmaul
mit Giftspritze
wo jedes Wort
zu viel
nur der Dichter
kennt die
Sehnsucht
in den Zwischentönen

kennt das Augenlicht
der Kieselsteine im Bach
sieht das Rot der
Berberitze auch
im Winter….

ohhh happy day – zum Weltglückstag am 20. März

für Greta

Wenn die Regierung kein Glück
für ihr Volk schaffen kann,
dann gibt es keinen Grund
für die Existenz der Regierung.
Bhutan, Rechtskodex von 1729

mit dem Geist kann
ich die Erde verlassen
sagen die Sioux
die Vögel haben Flügel
mit dem Geist
hat Yu Gong Berge versetzt

Bhutan hat Berge und
Wälder und Umweltschutz
in seiner Verfassung
ökologische Landwirtschaft
das Land ist nikotinfrei
Es hat den Faktor
Glück und Greta[9]
wird seine Königin

metamorphose

…aus dem wasser gestiegen
in die felsburg gekrochen
ich geworden
kaulquappe unfertig

… der lurch
mich schnappte
auf die beine stellte
den aufrechten gang
lehrte

kreatur bin ich …
angewiesen auf wärme
kein kaltblütler
der aufrechte gang ist nur
ein teil der schöpfung

standfest bleiben
ist nicht vorgesehen
panta rhei
im reservat für Freilaicher

geschaffen
nicht zu bleiben …

Herbst im Riesengebirge

Begleitet von Buntheit
Der Wanderer im Rucksack
Den Pinsel
Die Farben trennend
Lichter Ocker
Verliebt sich in
Die Birke
Gebranntes Siena
Anstürmt die Eiche
Einsam das
Magenta des
Ahorn
Der Wanderer
Zieht Furchen
In die Eisenerde
Felsen zerbröckeln
Die Strohballen
Stolpern über
Brombeergestrüpp
Auf den Weiden
Ein leichtes Grün
Tizianrot liegt
Die Scholle
Und lockt wie
Ein Freudenmädchen

Im Tal verschenkt sich
Das Obst
Schwarzblau die Hänge
Anbindend
Die Tannen
Sodass ein Rhythmus
Entsteht von
Bewegung und Stillstand
Von Hügel zu Hügel
Tanzen die
Lichten Töne
Sie necken die schwarze
Wand und auf der
Schneekoppe ein
Erstes Weiß

Ein vorletzter Mensch
Schneekoppe

Überragend
Das Land nach
Schlesien zu
Die Täler gen
Mittag
Schluchzen
Wolken klatschend
Auftürmend
Die Eiszeit
Standhaft
Ein weißer Kegel
Blitze werfend
In die Schluchten
Die Aupa
Stürzt in den
Wald die Tannen
Wachsen
Anschmiegend
Die Mimikry der
Birken
Einsam der
Bergahorn
Der Fallwind peitscht
Gegen die Fensterläden

Der Bauden
Ein vorletzter Mensch
Und noch
Das letzte Gespräch
Verstummend
Das Heulen
Der Höhlen
Und dann
Sekunden vergangen
Strahlend der Himmel
Ein neuer
Gipfelanstieg

Friedrich Hölderlin
1770-1843

Hyperions Schicksalslied

Ihr wandelt droben im Licht
Auf weichem Boden, selige Genien!
Glänzende Götterlüfte
Rühren euch leicht,
Wie die Finger der Künstlerin
Heilige Saiten.

Schicksallos, wie der schlafende
Säugling, atmen die Himmlischen;
Keusch bewahrt
In bescheidener Knospe,
Blühet ewig
Ihnen der Geist,
Und die seligen Augen
Blicken in stiller
Ewiger Klarheit.

Doch uns ist gegeben,
Auf keiner Stätte zu ruhn,
Es schwinden, es fallen
Die leidenden Menschen
Blindlings von einer
Stunde zur andern,
Wie Wasser von Klippe
Zu Klippe geworfen,
Jahr lang ins Ungewisse hinab.

Von Klippe zu Klippe geworfen
Hölderlin zugeeignet

Stille
  ein Nachmittag
   von Regen bedeckt
    nur das leise
     Pochen der Tannen
      vom Tal Angelusläuten
       Anschwellen des Klangs
        eingebettet
         in ein inneres Grollen

  das Licht stirbt hinter
   Lawinen
    aus Staub und Geröll
     sich hinabwälzend
      die Berghänge implodieren
       Gerümpel und Gepolter
        aus dem Rachen des
         Riesen der einstmals
          ein Berg war –

  der einsame Wanderer
   geht in ein neues Reich
    jenseits der Moleküle
     wird Licht
      der Schöpfung
       die sich immer wieder
        neu gebiert
         nur weiß der Mensch
          nicht wann

Den Sternen nahe
Für Else Lasker-Schüler
Und Ingeborg Bachmann

Ich kenne diese flammen
Ich hatte mich wundgelegen
An Heinrich von Kleist
In jungen jahren
Und einen brandfleck
Im herzen

Im antiquariat
Lagst du ganz oben
Im Regal
Verstaubt
Wie andere Lyriker

Ingeborg Bachmann
Nahm dich
In die hand
Der buchdeckel
Verjüngte sich bei
Ihrem lächeln

Wir hatten
Einen langen weg
Zu deinem *Weltende*
Wir kannten die
Richtung

Ich wohnte neben dir und
Herwarth in Halensee
Nach Jerusalem
Kam ich nie
Aber nach
Prag

Ich weinte in
Theresienstadt
In Žižkov
Wollte ich Kafka
Einen gruß aus Berlin
Überbringen wo er
Mit Dora Diamant
Sehr glücklich war

Auch Ingeborg war
In Prag
Sie legte eine rose
Auf Kafkas grab
Und Jacob schnupperte
An ihrem lachen
Dann deckte euch
Mein wundgelegenes laken zu
Weil ihr frort

Im Jänner ist es
Kalt in Prag
Ich kenne die kälte
Ich bin geboren
Im winter
In dem land
Das mich verjagt
Ich habe mein kinderbett
Dagelassen…

Böhmen am meer
Eine obsession
Der dichter
Die sich in Illyrien
Wähnen und
Der mimikry von ahornbäumen
Lauschen

Dein kindheitsfluss
Klingt böhmisch
Sagst du
Moldau, Donau
Wo Jacob geboren

In Wien als Rabbinersohn
Bei mir singen sirenen
In Elbe und Rhein
Und Else spielte an
Der Wupper

Ich nahm Jacobs hand
Als er starb
Das war's sagte er
Und es war viel
Wir waren bei den
Sternen sagte ich
... und ging zu Heinrich
An den Wannsee

Die spiegelfläche grau
Und steinern wie granit
Tiefgründig und uralt
Das wasser das schweigt ...[10]

78

Dürre....

gelandet bevor
die wüste wuchs
wie lange sah ich
kein wasser
die worte sind vertrocknet
steuerbord verkrochen
auch der lurch
ist ausgestorben[11]

Umbra vitae
Für Paul Celan

Schattenriss Geschichte
Scharfkante Mikrolith
Der Tod ist erstmals ein
Meister im Jungpaläolithikum
Der Homo sapiens
Vernichtet den Neandertaler
Er hinterlässt uns seine DNA

In der Eisenzeit
Ritzt ein römischer Soldat
Mit einem Lanzenhieb
Den corpus Christi am Kreuz
Von rostigen Nägeln
Getrieben vier Wunden
In Hände und Füße

In den Städten Europas
Lodern im Mittelalter
Reisigbündel Widerborstig
Kämpfen Frauenleiber
Gegen die Flammen Hexen
Kreischt das aufgestachelte
Volk und küsst in der
Kathedrale Hände und
Füße des Gekreuzigten

Eine Laus tat ihr übriges
Der Tod ein Meister mit Sense
Der dreißigjährige nicht
Aber der längste Krieg
Hetzt Menschen gegeneinander
Brandschanzt Kathedralen
Und Klöster entvölkert Landschaften
Der Tod ist genusssüchtig und
Verschont nicht die Popanze
In den Schlössern

… und dann das Stahlgewitter
Die Popanze werden verjagt
Nachdem sie den Weltenbrand
Entfacht haben
Klingenscharf ein
Matrosenaufstand der
Operettenreichen ein Ende setzt

Republiken folgen
Die Vernunft hat gesiegt
Meister Tod ist geschlagen
Denkt der Gutmütige

Der Tod ist ein Meister
Aus Deutschland dichtet Paul Celan
Seine Eltern kamen im Ghetto Cernowitz um
Er leidet an einer Überlebensschuld
Leben als Schuld
Seit Neandertalers Zeiten
Durchkreuzt uns diese DNA-Spur
Entitäten der Finsternis[12]

Am ende bleibt trauer
– zu Allerseelen –

… am ende bleibt trauer
doch warum trauern
wenn ich nicht mehr bin
warum das werk fortsetzen
das ich nie begann

sollte das sterben
aufzuhalten sein
den zwischentönen lauschen
da findet sich manche weisheit
nein ich weine nicht

ich bin keine von der geschichte
ausgesperrte Maria-Magdalena
ich war beteiligt
mehrere jahrzehnte
nicht nur zuschauerin

ein streichholz im wind
entzündet sich nicht alleine
woher kommt das feuer
das in mir glimmt mit
fragen die unbeantwortet

woher noch die kraft
zu verändern was schräg
den tag anbellt
unmäßig sich einmischen
immer wieder

wenn kränkungen
meine tür einrennen
sperr sie in den keller
und bau ein haus darüber
aus phantasie

ja es bleibt trauer
über die vielen
nicht ausgelebten träume
noch hab ich zeit
jetzt

camouflage

der herbst schüttet gelb übers land
ein letztes licht vor
dem schwarzen winterloch
in meinem herzen sammeln sich
die scherben einer großen
idee ebenfalls sterbend

da war mal frieden freiheit
selbstbestimmtheit wir sind das
volk jetzt kommen von allen
seiten aus den löchen gekrochen
jene in tarnkleidern
im winter sieht sie ja keiner

ihr feuer könnte
ein martinsfeuer sein
camouflage des weihnachtslichts
wir sind alle brüder die wir
in der krippe liegen schwestern
jene im engelskleid esel und
ochs aus dem biohof

und die hirten boten
einer giftfreien natur
nichts da das moorlicht
glasiges flackern
stickiger gase aus
den geldanlagen
die den energiehunger
stillen

84

ausverkauf allüberall
auch die treuhand war gefräßig
jetzt heißt es
einzig der Mob sei übriggeblieben
mit meinem zersplitterten herzen
muss ich mich schonen
die bewegung der ich
einst anhing lief
in jesuslatschen rum
sang we shall overcome
und hatte in ihrem
herzen black is beautiful
and other people, too …

Ein lebendiges Gemälde
Einer Paschtunin gewidmet

Ein Gesicht
in Versatzbauweise
kostbar wie ein
Picasso Portrait
lächelt
eine Kerbe zwischen
Lippenrest und
Augenschlitz

Die Hand
die ich im Vorübergehen
streife voller
Narben
sie wollte das
Augenlicht schützen
ihr Atem strömt
als sie sich setzt

Ich höre ein
leises Pfeifen
unsere Knie
berühren sich
sorry sagt sie
ohne die Lippe
zu bewegen
ich möchte schreien
für sie

Ich möchte den
Täter in die Hölle
schicken wo alle
Säuren der Welt
herunterplatschen
auf dieses Ungeheuer
der Misogynie
Sie sollte keinem
anderen gehören
er wollte ihr die
Entscheidungsmöglichkeit
nehmen aber sie hat
entschieden –
zu leben
unter uns
ohne Schleier

ein ganz normaler tag

am morgen vergrabe ich
die albträume die
furchen in meinen teppich
trampelten wie
eine wildschweinrotte
überstreiche meinen
kampf mit meinem
gewissen das mich
nicht schlafen ließ
auf den büchern liegt
staub weil die angst
sie verschlossen hält

ich wische staub und
erreiche mich nicht
versiegelt im tiefkühlfach
ich schalte das fernsehen an
ich werde lebendig
es ist krieg überall
auf der welt
das wird wieder
ein ganz normaler
tag werden
ich gehe zum
frühstückstisch …

ecce homo

meinen atemzug möchte ich noch trinken
bevor der tod mich holt
jeden morgen schnappe ich nach luft
ich lebe
jubelt es mir
und draußen fallen blätter
von der birke in der
die vögel sangen
ein letztes lied
die mit dem großen zug
gen süden auch ich
muss weinen dass
ich alleine zurückblieb
wie die amsel
die einsam unter dem
berberitzenbusch hockt
der leuchtend rot
einen letzten farbenrausch
in die landschaft setzt
dann wird sie erstarren
die zeit wird zurückgedreht
es wird nichts mehr
SEIN
in meinem bett
ist ein fleck
da war ein mensch
mehr nicht

eine fremde

eine fremde
durchkreuzt mein
spiegelbild
lächelt nicht –
fühlt sich nicht
wohl und
sieht mir ähnlich

kämme ich mich
lässt sie sich fallen
wie schuppen auf
meiner schulter
lastet sie schwer

am nächsten tag
verschwindet sie hinter
meinen falten
sie treibt ein
übles spiel mit mir

sie tanzt in meinen
gedanken und
macht mich kirre
meine vergangenheit
abzulegen
sie gehöre ihr

auch die vergangenheit
schaut aus dem spiegelbild
es war mal ein kosmos
in diesem blick
jetzt verliert sich die
historie in den mundfalten

was ist geschehen
die frage macht nicht
an der nase halt
sie schnuppert
da war ein duft
von zimtplätzchen

im sommerwind
tummeln sich
gänseblümchen
sternengleich

und schneeflocken
tanzen um das
spielende kind
auf dem spiegelweiher
sieht es sich
da war es noch ich …

Ludwig
(geboren 16., 17. Dezember 1770 getauft in
Bonn,
† 26. März 1827 in Wien)

… ich stand an deinem grab
in Wien das fanal im ohr
ich hatte es ernst genommen
alle menschen werden brüder
doch ich bin eine schwester
man wollte mich nicht
auch ich fand die Welt detestabel
so verstummte ich
freude schöner götterfunken

… ich flanierte im schlosspark
in Teplice und seh dich mit
deiner Unsterblichen Geliebten
– namenlos bewundert
unberührt in der ewigkeit
Goethe ist beeindruckt von dir

meine mutter im graben
erniedrigt von tschechischen soldaten
und ich ganz klein geduckt
an der wamen quelle Teplice –
der krieg ist zuende
und Dresden 40 meilen entfernt

oh freude schöner götterfunken
jubelte ich in bonn
mein opa hat überlebt er humpelt
verkauft zeitungen am bahnhof
und schenkt mir zur Konfirmation
einen fotoapparat und eine platte
mit Mozarts Kleiner Nachtmusik
er war Österreicher durch und durch

als Opa starb
hörte ich die Missa solemnis
die du Rudolph von Österreich
widmetest – auch Opa hieß Rudolph[13]

nicht männlich
Karoline von Günderrode zum 240. Geburtstag
(11. Februar 1780 in Karlsruhe; † 26. Juli 1806 in Winkel)

... seit zweihundertundvierzehn Jahren sticht
der goldgefasste Dolch
in dein Herz
du tatest es aus Liebe

Die tiefe Wunde
nicht ganz ein Zoll
der Stich zwischen 4. und 5. Rippe
in die linke Herzkammer
war er nicht wert

Friedrich Creuzer lehrte
dich die Mythen zu verstehen
Matriarchate zu entwerfen
Utopien des Zusammenseins

In Männerkleidung
besuchtest du
seine Vorlesungen
bei seiner ménage à trois
aber warst du Verliererin

Melete titanische Muse
dein Werk posthum
lässt ihn als Freund
als Eusebio sprechen

Creuzer jedoch
hält diese Freundschaft nicht aus
Die Unterdrückung dieser Schrift
ist durchaus nötig!
Hundert Jahre reichte

sein Verdikt Karoline
wärst du Mann genug
der du immer sein wolltest
hättest du ihn mit
in den Tod gerissen

wenn ich nicht dichte
ersticke ich ...
Friedrich Hölderlin zum 250. Geburtstag
(20. März 1770 in Lauffen am Neckar;
† 7. Juni 1843 in Tübingen)

von klippe zu klippe
geworfen
schon in der kindheit
nahmen die
Verletzungen überhand

der eigene wille
zerschellte an den
pflichten zum überleben
kinder müssen
gehorchen

die väter hatten
auch gehorcht und
badeten im schweiß
ihrer angst als sie
die trümmer wegräumten

auch die frauen hatten
gehorcht und gebaren
Kinder für die große
liebe war wenig zeit
sie taten ihre pflicht

schläge an den kopf
hiebe auf rücken und
po der lehrer kommt
mit dem lineal die kinder
halten ihre finger still

oh selige genien
ihr wart hoch droben
über dem Neckar
wo ich mich
bei der tante erholte

an der kleinen Ammer
aß ich ein eis meine
sehnsucht nach den
wörtern zu stillen

am wehr stauten sie sich
schon als kind rettete
mich mein schweigen
und ich schrieb -
wenn ich nicht dichte
ersticke ich[14]

Endlich wieder Museum ...
Zur Wiedereröffnung der Museen in der
Coronakrise

Oh! den Wald von Erich Heckel
Grün in hundert Nuancen
Ganz dicht das Licht bei
Den Blättern
Das Brücke Museum
ist wieder geöffnet

... dann zu Barberini
nach Potsdam
Monet irisiert schon
Meine Gedanken ein
Leuchten über dem
Teich Libellen gleich
Schwirre ich aus
Und trinke die
Farben

Zurück im Grunewald
Am Waldsee mit den
Modernen mitunter
Quietscht ein Video
Auch das ist Kunst
Hauptsache
Nachdenken Vor Ort
In allen Dimensionen

Käthe Kollwitz
Ist noch auf meinem
Weg durch die Museen
Wie die Mutter
Abgemagert das
Kleine wiegt eine
Feder so leicht
Nie wieder Krieg
Schreie ich mit
Den händeringenden
Menschen –
Doch der Schrei
Allein genügt leider nicht

Dann nach FrankfurtOder
Kleist Museum
Marionettentheater eine
Denkschrift über Bewegung
Und Paradies das ich
Von hinten erlange
Kleiner Narziss ich sähe
Mich doch gerne als
Jüngling in seinen Armen
Nur einmal tanzen
Mit ihm bevor
Michael Kohlhaas' Zorn
Das unbehauste Land
Vernichtet …

Und bei Georg Kolbes
Atelier am
Kühlen Brunnen
Sitzen irisierende
Fontäneperlen zerstäuben
Spüren wie vergänglich
Die Sekunden
Die Marmortänzerinnen
Becircen in dem
Verwunschenen Garten
Einen Tag mich
Entfernen aus dem Jetzt
Endlich wieder Museum!

Ade

… die welt verabschiedet sich
um uns sterne
hat sie zum strahlen erweckt
planeten tanzen nach
ihrem rhythmus
hat gesetze
die wir nicht verstehen

die erde verabschiedet sich
sie braucht uns nicht
wir verdanken jedem
atom unser leben
wir zerstören
mit jedem atemzug
mit jedem fußtritt

die meere verabschieden sich
aus denen wir gestiegen
vor jahrmillionen
wir verklumpen sie
sommer und winter
wollen wir gleich
orkane branden
Tsunami zerstören
vulkane explodieren
und mit dem lavastrom
kommt neues Leben

die schöpfung
braucht uns nicht …

am abend dann

deinen atem gespürt
unter dem regenbogen
am Drachenfels
der Rhein lag im abendlicht
und über uns die apfelblüten

von Königswinter herauf
das Angelusläuten von
St. Remigius des Glöckners
Urban Mabilot aus Saarburg
das las ich in der kirchenzeitung

wir haben unsere gruppe verloren
auf der wanderung weil uns
Buschwindröschen den schritt stahlen
den die anderen stramm hielten
über den blütenteppich hinweg

weil Veilchen dufteten und
Pestwurz den bach säumte
ich rutschte ins wasser
von felsbrocken gestaut -
und wieder deinen atem gespürt

der pfarrer sprang uns entgegen
ich habe mir sorgen gemacht
die anderen saßen schon in der
Jugendherberge fröhlich beim
abendbrot und grinsten

hat's spaß gemacht…
wir sahen uns nie wieder
manchmal atme ich tief
im frühjahr wenn Veilchen blühen
die Buschwindröschen leuchten

liebe im Coronamai

... unsere fußstapfen sind leicht zu enträtseln
wir stehen ineinander
blütenflocken sitzen auf deinen wimpern
und lachen über deine küsse
die wärme deiner augen treibt
gänseblümchen auf die wiese
wir stehen und zählen
du liebst mich ich lieb dich nicht
er sie es liebt
über den gipfeln ist keine ruh
möwen scheißen auf schlafende boote
wie junge hunde toben wir
schliddern und treiben
flügel in den blütenschnee
flieg engel flieg
eine sekunde glück eine zweite
dann ist der blütenzauber verweht
im mai liebten sie sich
im mai bringen sich viele um

ein letztes ...

der wind schlägt
die fenster zu
als sturm wird
er ständiger gast sein
und die äste der birke
brechen auf meinem
balkon verlassene
blütenblätter aufwirbeln

die wiese braun
liegt flach
die letzte mahd
scheuchte feldmaus
und maulwurf
krähen fliegen auf
der eichkater
schwingt in der Douglasie
den spatzen
im Berberitzenbusch
eine letzte konferenz
vor der winterstarre

es wird traurig werden
wenn die rosskastanien
auf dem fensterbrett
schrumpeln in der
falben wintersonne
und die maronen im
backrohr duften ohne
gäste zu locken
ausgangssperre
wegen glatteis
die menschen
verbringen ihre tage
in passagenpalästen
ohne zu flanieren...

die hände

geäst unter denen
pfifferlinge
versteck spielen
opas hände finden
sie seine filigranen
finger heben das
gelbe käppchen
aus dem nadelgewirr
zu hause küsst oma diese
hände die ihr so viel freude
bereiten

omas hände sind rau
gefurcht von der
scharfen lauge
in der sie die wäsche
der zimmerwirtin
schrubbt für
ein dach übern kopf
nach krieg und
vertreibung
das mehl für die
pflaumenknödel bestäubt
die grafik des
lebens auf ihrer hand
gefaltet sah ich
sie ein letztes mal …

vaters hände waren schwer
zu schwer für die fliegerei so blieb
er beim bodenpersonal
sie gruben unter tage
sie hämmerten auf den dächern
sie schraubten bretter für
den schweinestall
und hackten mist
unter ackerfurchen
in denen kartoffeln
heranreiften

seine hände waren so schwer
dass ihre schläge an meiner
wange abprallten
sie waren so zerbrechlich
dass nur noch
bandagen ihre
statik erhielt

meine mutter
hatte flinke hände
sie wischten hier
den boden und
dort den hintern
meines kleinen bruders
manchmal auch ein klapps
an meinen kopf
ein streicheln
im vorüberhuschen
wenn vater
staubig von der
arbeit kam
sie besaß schon eine
waschmaschine
und fettige cremes
gegen die haushaltschemie
als sie im sterben lag
wollte sie eine
maniküre
so lag sie
aufgebahrt
der kerzenschein
glitzerte auf
ihrem nagellack

nun seh ich
hände nicht rau
nicht faltig
haben keine
pflastersteine geworfen
sich lieber in den
hosentaschen
versteckt illegal
plakate geklebt und
gedichte geschrieben
sie haben eine
beginnende Arthrose

die beim händeschütteln
schmerzt
sonst haben sie kein
merkmal

diese hände sind mir
fremd geworden
es sind
meine eigenen …

meine mutter hat gesiegt
Friedensnobelpreis 2018 gegen sexuelle Gewalt

die schwachen männer
sind immer stark
wenn sie frauenfleisch
kiloweise auf dem
sklavenmarkt anbieten
und ersteigern können
kräftige frauen
bringen mehr
sie arbeiten mehr
sie bringen gesunde
kinder auf die welt
die schwachen und alten
frauen erschießt mann

das ist der mechanismus
der seit jahrtausenden
in kriegen funktioniert
Nadia Murad war eine
der starken frauen
die sich befreien konnte
und helfer fand und
durchhielt und
nicht privat blieb
sie machte das leiden
öffentlich und kämpfte
gegen die feinde der
frauen und ihres volkes

auch meiner mutter
geschah ähnliches 1945
sie musste wie viele
ihrer weggefährtinnen
büßen für die politik
aus den hauptstädten
die die frauen auf den
landstraßen in den trecks
in den kellern der zerstörten
städte der rache der
sieger opferten
meine mutter und ihre

weggefährtinnen behielten
den aufrechten gang
bauten die zerstörten
städte wieder auf
gebaren kinder
und wurden großmütter

ihre geheimen tränen sind
in ihre schnupftücher gestickt
und verstauben in den
truhen für die aussteuer
die orientalischen
frauen tragen kopftücher
von perlen geschmückt
jede perle jeder blütenstern
eine träne dahinter
sie sich verstecken
Nadia Murad
trägt ihr Haar offen
tritt vor die menschheit

Denis Mukwege
ist ein mann
als arzt sieht er tagtäglich
die höhle
aus der jeder von
uns kam
sieht ihre geborgenheit
ihre verletzlichkeit
ihre vision
leben
anfang allen seins
das beschützt er …

Glückauf, ade ...
für meinen Vater Oskar Schon,der nach dem
Krieg jahrelang Bergmann im Pott war;
2018 wird der Steinkohleabbau eingestellt

Vati
wir hatten noch nicht mal ein
eigenes bett nach dem krieg
du hast es aus den brettern
gezimmert die wir aus den
trümmern zusammentrugen

ich habe zarte löwenmaulblättchen
für unsere karnickel und hühner
gepflückt damit wir
was zu essen hatten
über die woche warst du
fern – unter tage

am wochenende wusch Mutti
deine schmutzige wäsche
und sonntagmorgens kuschelten
wir zu dritt in dem bett
das mächtig knarrte
bevor wir das Frühstücksei verputzten

du brachtest mir ein
stück funkelnder Steinkohle mit
das mich jahrzehnte begleitete
bevor es mir gestohlen wurde
es war das Pfand
meiner glücklichsten jahre …

mit dir viel zu früh
starbst du
an Staublunge …

8. Mai 1945

bleischwer liegt
das land
im schatten
seines horrors

in der Taiga
dringt blei
in die lungen
der toten

schnee bedeckt
die taten
im frühjahr
kommt das entsetzen

in den städten
wird befreiung
gefeiert
im untergang

liegt die hoffnung

Einsamer Wanderer
für Gottfried Benn (1886-1956)

Einsamer Wanderer, Mensch
Wortlos, schweigend ziehst du
Deines wirren Weges
Graue Felder, schwarze Leiber
Schwirren wie endlose Fäden
Vorbei an deinen Augen

Oben Himmel und Verderben
Keine Gnade und kein Regen
Unten Erde und das Jammern
Um verlorne Zeit
Nicht ein Fluss zu lösen deine Pein
Keinen Frieden wirst du gründen

Weiter, immer vorwärts führt dein Schritt
Und gleich einem Krebs
Setzt der Weg dich doch zurück
Einsam bist du – in dir Friede
Draußen wie ein sumpfger Wall
Breitet sich um dich die Welt

Und du wanderst viele Straßen
Durch die Leiden dieser Zeit
Mädchen hälst du warm in deinen Armen
Bist doch selber Eis und Bein
Vorwärts plagt dich dein Gewissen
In das Unermessliche hinein

Zeitenlos bist du nun schon gegangen
Deine Füße werden müd
Moos wächst auf den alten Beinen
Wölfe heulen aus dem Wald
Tief sinkst du im torfigen Gefilde
Wandrer, wo wirst du zu Hause sein[15]

Gott nahe …

… und höher noch
dem himmel ganz nahe
gott umarmen
ich hielt mich am
rosmarinbusch fest
aber der fels rollte …
rutschte den abhang hinab
ich stoppte kurz
vor dem felsabbruch
unten das dröhnende
geröll der steine
am türkisblauen meer
gott hielt mich
in den armen
ich verzeih dir sagte er
für deine anmaßung
mir nahe zu sein
Ich komme
zu den menschen …

Ein Neues ...

das Helle wird siegen
an Epiphanias beginnt es zu leuchten
das Licht wird Gott
wir werden von der Winternacht befreit
die Sonne kreist gen Norden

ich öffne meine Fenster
das erste Bienengesumm
der erste Finkenschlag
lang dauert es nicht mehr
dann frühstücke ich auf dem Balkon

Schöpfung ...

am Tag meiner Wortgeburt
wurde Sprache
mir geschenkt ...
zu zürnen
den Formhaften
die Widersprüche zementieren
meine Lichtzungen suchen
Wahrheiten meine Reißzähne
zerfetzen die
Worthülsen von
den Erbsenzählern
dass ich nicht ausrutschte
wie Heinzelmännchen
und Sinne getäuscht
Liebe zu schmecken
und Hass abzuwehren

Abgetrennte
Augenlider werfen
Schatten auf Pharisäer
ihre Lobpreisungen werden
von Krähen gefressen
Mein Hunger treibt
die Satten aus
meinem Gedärm
ein leerer Magen
war immer schon Stimulanz
den Reichtum der Erde
zu erkennen ...

Der Anfang hat
seine Tücken gewiss
ein Paradies wurde
nicht versprochen
aber dieses Eitle
und es ward gut
was er schuf
war voreilig
es ist Rebellion
entstanden
aus dem sich
Neues gebiert
Leben ist Egoismus ...

Verstand und Herz
zeigtest du beides
verdammen sie dir
Hölderlin ist
eins mit mir
Goethe dichtet
jedes Frühjahr neu im
Maien den Mädchen
der Blütenkranz
das sind die kleinen
Hoffnungsperlen
im endlosen Sand
der menschlichen Wüste
die mich die Geburt
nicht bereuen lassen

Und sie schaukeln wieder
Zur Wiedereröffnung der Spielplätze in der Coronakrise

Der Himmel ist endlich wieder nah
Die Schaukeln waren
Das Erste
Was sie eroberten
Jauchzende Kinder
Rauf und runter
Und hinauf in den Himmel
Dann auf den Kletterbaum
An den Ast hängen
Schweben wie im Paradies
In den Buddelkasten
Sich mit Sand bewerfen
Springen, hüpfen
Wie wenig braucht ein Kind
Glücklich zu sein

jeder tag

glück ist
in beiden händen
blumen halten
sagt ein
japanisches sprichwort
glück ist an jedem tag
ein gedicht
lesen
schreiben
hören
verschicken
gewebt in einen bunten
sommerstrauß
kornblumen
klatschmohn
und margeriten
die Sonne liebt
ihr weißes
der duft
ist der
rhythmus
der bienentanz
die sprachmelodie
im abendlicht
fallen wir in
ihre ohrmuschel
und summen uns
in den schlaf ...
oh schöne welt

der lyrik …
im alter ist
die erinnerung so
kostbar wie in der
jugend die träume

Gottesanbeterin

Gewebte netze
Hängen in fetzen
Der herbststurm
Zetert mit dem blattwerk
Die spinne verliert
Den kampf gegen die
Gottesanbeterin
Aus ihrem dreieckskopf
Lugen zwei stecknägel
Die alles sehen
Eine totemmaske
Der gottheit
Überleben ist
Ihr höchstes programm
Auch sie steht
Auf der Roten Liste

wohlbefinden ...

alles zusammengerechnet
keine vier wochen im leben
sind dem glückskind wolfgang zugefallen
beklagt er am
ende seines lebens ...
das ist hart ...
aber wem ist schon vier wochen wohl

seit jahren kreist die raumfähre
um die erde hat vielen
lebensmittelpunkt
gegeben jetzt klagt
der hygienechef über die
verseuchung des raumfährenklos

nicht nur die erde
ist durchsetzt von
den kleinsten wesen
goethe machten sie das
leben schwer im all
sind sie auch aktiv –
die wahren helden
sind kleine giganten

**Eine Schwalbe macht
noch keinen Goethe ...**

Goethe war ein Genießer ...
ich auch
der Barackpálinka war nicht
ganz so alt
aber der Freund
den ich auf der Buchmesse traf
hatte ihn vor dem Ungarn
Aufstand gerettet ...

es gab aufständische Bücher
am Abend davor die mussten
runtergespült werden
die Welt war
voller Revolutionen
die mussten begossen werden
der Brand aus Ungarn
züngelte Flammen

Ich parkte am Fluss
und war im Auto eingeschlafen
am Morgen fragte ich
einen Taxifahrer wo ich bin
Eihorrschemaa
sprach er wie einst
der Altmeister
erscht de Bembel

Wir saßen lange
am Brüggelschen beim
Eihorrsche-Maa
und ließen uns mit der
Bembel a Guude sein
dann wurde der
Taximann hibbelisch
und gab Gas

mir fehlt gewaltig
der Schodder
Drottwaaschwalb …
rief er und
verschwand
die Bembel
trudelte wie ä
Grädetiersche
im Maa …

tag und nacht

...schon wieder ein tag
an dem ich das bett gemacht
am kühlen morgen
den tag verbracht unter
den Platanen und abends
das bett wieder hergerichtet
damit ich schlafen kann

aber der schlaf
ist schwieriger geworden
er lastet auf den lidern
dahinter der tag liegt
früher war es leicht
einzuschlafen
der tag war leicht
das licht die sonne
das meer lockte das eis
das ich schleckte
auch die umarmung war
ein genuss
selbst mit ihm dem
ich am nächsten morgen
lebwohl sagte
ich machte kein bett
lag in seinem duft
und wartete bis zum abend
vielleicht kommt ein anderer
kam er nicht nahm ich ein buch

schon wieder die brille gesucht
die notwendig ist die liebesbriefe
zu lesen damals als der
schmerz das herz zuschnürte
aber nach ein paar tagen
sich löste

schon wieder
den tag beim arzt verbracht
die schmerzen zu lindern
die auf der seele
sieht er nicht
die haben keine Faszien
reißen aber das herz
in stücke

schon wieder die nacht
kein auge zugemacht
die bilder gelöscht
auf der festplatte
den Tinnitus mit
Mozart betäubt
die bettdecke glatt
gestrichen
des morgens
das bett gemacht
eingekauft den
nachmittag im cafe
die grauhaarigen
köpfe gezählt
am abend die haare
gefärbt nachts schlecht
geschlafen aber geschlafen
ich fühlte mich verjüngt
als ich das spiegelbild sah
am morgen geh ich
beschwingt aus dem
haus hab manchmal
sogar ein lachen
vernommen…

Wintersonnenwende

Der letzte Tag der Dunkelheit
Licht wächst am Himmel
Ein falbes Blau
Lässt Hoffnung fallen

In Stonehenge wird gefeiert
Die Christen verehren ein Kind
Hoffnung auf Frieden
Wünscht sich das zersplitterte Herz

Sei selbst die Veränderung
Sagt Gandhi
Die du in der Welt
Sehen willst – Du

Landkarte des Lebens

Heimat

...war für mich Opa
der mich vor meinen Vater schützte
der mit mir in die Pfifferlinge und die
Blaubeeren ging und mit dem Tauberich
im Tannenbaum um die Wette gurrte
der uns bei der Vesper störte

Heimat

...war für mich mein Vater
der mich schlug und nachließ
weil er zur Arbeit musste
uns zu ernähren was er
ohne Murren tat unter Tage

Heimat

...war für mich meine Mutter
die mir erzählte wie sie mit flatterndem
Haar an einem Maientag mit meinen
Vater tanzte und dem Himmel dankte
für die große Liebe

Heimat

…war für mich besonders Oma
mit ihren Adleraugen denen nichts
entging auch nicht die Maden in
den Pilzen aus denen sie leckeres Ragout
zauberte goldgelb wie Safran

Heimat sind all diese Orte
an denen dies geschah
sie sind die Landkarte
meines Lebens …

tanzen zu vergessen

…tanzen zu vergessen
wie die Schmetterlinge
in der langen nacht des lebens
mit den schemen der vergangenheit
flügel um flügel
kalt wie der tod
umfasst du mich
wir trennen uns wir
sind unverträglich

tanzen zu vergessen
wie die schmetterlinge
die schmerzen die die jagd
schlug im kampf ums überleben
flügel um flügel
beuge ich mich ins unvermeidliche
anpassung umgarnte
mich wie ein geliebter

tanzen zu vergessen
wie die schmetterlinge
um zu leben mit dir
im himmel Engelsflügel
alles verlassen
auf erden war kein platz
noch nicht mal
für ein grab

tanzen mit dem regen
wie schleierwolken
element werden wind
donner blitz gegen ströme
segeln auf den meeren
kreuzen schulter an schulter
eine wolke sein
erinnerung nur …

Regenerinnerungen - du

der regen stürzt
geschützt sitze ich
in meiner loggia
genieße die
kühle die mit dem regen
fällt und die wiese auffrischt
die schnüre werden dichter
die äste der birke stöhnen
die wiese dampft

irisierendes licht
legt sich auf die roten dächer
aufsteigender nebel trennt
das hier vom horizont
ich beobachte
wie die grüntöne wechseln
wie perspektiven mein
bild weiten
mein herz schlägt
vor glück zu sehen ...

als der donner mich
aufschreckt aus den
träumen stürzt die zeit ein
ich fliehe und finde
dich wie eine offene tür
dahinter du wartest
auf den letzten donnerschlag
du kennst meine
angst...

es wird frisch nach dem gewitter
ich gehe ins zimmer
vorbei an dem foto du
auf der fähre mit flatterndem
haar der schatten von mir
auf den weißen planken …

heute bist du der schatten
der mich besucht
auf meiner loggia nachmittags
wenn regen fällt das licht
sich dehnt das blattwerk
grüntöne übt und manchmal
der donner schlägt

... gewagter Schritt

Der Kuss war vielleicht
das schönste
der Vogeltanz mit Flügeln
das ich abhob
in den Bäumen zwitschern
Buchfinken und Kohlmeisen
auf der Wiese Stare
die schluchzen
auch der Regen tanzt
ich hatte meine Puppe
ins Waisenhaus
gebracht ich war frei

Ich küsste die Kindheit
von gestern
Aprilhimmel der
weint und lacht
ich hatte die Schule
verlassen das Leben
begann der Junge
hatte meine Umarmung
vergessen er kannte
mich nicht mehr
als ich mich in die
Milchbar setzte
das war die erste
Lektion

Im Moos rutschte ich aus
noch immer kreischten die
Kinder vor Schadenfreude
ich trollte mich hinter
die Fassaden der Bürgerlichkeit
und grüßte nur noch
nach ihren Regeln
dann hatte ich ausgelernt
nahm die Aktentasche
wie ein Schwert
darin ihre Steuerunterlagen
so lernte ich Macht

ich wurde einsam…

jahreszeiten

nichts ist geblieben
der strietzel nicht
zu weihnachten
das osterbrot vergessen und
der rheinische sauerbraten
mit rübenkraut und pumpernickel
die fitschebonnen stinken nicht
und auch die kuttelsuppe
dampft nicht mehr –

es gibt Sushi am morgen,
mittags gibt es nichts
und abends wieder Sushi oder
einmal die woche der edelitaliener
mit Carne di vitello
am wochenende vegan
bloß kein sonntagsei
Doufu mit mandelmilch
die auch die haut verschönt
dann joggt mann mit kinderwagen
die mutti zuhaus am handy
swingt mit der freundin im Moka Efti

unser täglich brot...

sind gemeinsam auf der erde
der gefrorene acker knirscht
wenn wir flüchten
sommers verlieren sich unsere
spuren im sand

an der quelle
trinken wir das frische wasser
und doch sind wir
nicht in der gleichen welt
sind virtuell

sind menschen
die sich bekriegen sind jung
und neiden einander die liebe
die wir brauchen
wie das tägliche brot

sind ungeboren in der angst
vor der zukunft
uns ist das wort
du verloren gegangen
verkabelt der nächste mensch

147

Laub auftürmen

Laub auftürmen
hineinspringen
Glück der Kindheit

bald wird Schnee fallen
der Schneemann
trägt einen Lorbeerkranz

er wird glitzern
im Kerzenschein
vom Weihnachtsbaum

Schmerz wird dich
anfallen wenn alles
schwindet und schmilzt

im neuen Jahr
wieder kein
Liebster

märkischer abend

Für Peter Huchel
(3. April 1903 in Lichterfelde bei Berlin –
† 30. April 1981 in Staufen)

...stolze kiefern flammen
in der spätsonne auf märkischer erde
gebranntes Umbra umspannt die stämme
und ocker strahlt in das abendlicht
terra d'ombra im eiszeitlichen sand

auf nadelteppichen tanzt
der weite wald mit mächtigen fängen
im hohlweg bei den Havelbergen
verliert sich die spur der wildschweinrotte

ein lichter schattenwurf streift den abend
am verschwindenden horizont
und lockt elfen aus dem irisierenden moos
es ist die ewige saga der wiederkehr....

Studentendorf ...

der geliebte lockt
hinter staubigem fensterglas
noch immer
ein schmerzliches ziehen
der jugend
was war damals
in den subventionierten matratzen
des studentenheims
geräusche hinter pappenen
wänden sprachen aus fernen
ländern hoffnung
in frieden leben
gemeinsam die erde
gestalten können
da war was
und das war viel
freundschaft
auch nach der
trennung

November in Berlin

die sonne
fällt hinter die
häuserzeile
messerscharf
die lichtkante
von der Traufhöhe
dröppelt feinstaub
im nu verschattet
die hundescheiße
in den straßen
tritt rein Flaneur
zum winteranfang
legt schnee sich
darüber und frost
wird alles glätten

Ubi dubium ibi libertas[16]

ja, zweifel machte mich frei
schon mein vater zweifelte
dass Adam und Eva die ersten
leider zweifelte er nicht
an Hitler und zog
für ihn in den krieg
dann musste er in den Pott
um den energiehunger
der Deutschen zu stillen
er starb an Staublunge

ich zweifelte daran
dass mädchen doof geboren
und deshalb nicht auf die
höhere schule durften
mein zweifel wurde penetrant
was Bildungsbürger können
kann ich auch –
ich kuschte nicht
heiratete nicht ihre söhne
ging zur Abendschule
und landete an der
Universität

da war's aus mit der
freiheit mir wurden
Dogmen aufgezwängt
ich musste ihre
dummheit protokollieren
und bestand ihre
prüfungen –
jetzt zweifele ich an
mir …

Es ...

in ein tuch wickeln
in ein grab legen
im fels des lebens
aber es ließ
es nicht zu
ich bin die freiheit
rief es
mich bändigt ihr nicht

ich fesselte es
es stürzte ich
bin die wahrheit
stöhnte es
kein schmerz
bringt mich zum schweigen

ich packte es
beim schopf
es schüttelte sich
ich hatte ein büschel
haare in der hand
legte es zu dem
tuch bei der fußfessel
sah zum himmel
einen augenblick
war es mir vertraut

es war ich …

Rechenfehler

ein kübel Übel
klatschen sie
auf seinen Kopp
und sind befriedigt
das Schlangengezücht
im Gewand der Pharisäer
wenn er zuckt
mit letzter Kraft
er aber ist die Weisheit
wer ohne Sünde sagt er
unter euch
der werfe den ersten Stein
und tatsächlich
sie warfen …
er hat sich leider
verrechnet mit
der Bosheit von Menschen …
auch er!

Zisterzienser

Gesichter wie
zerfetzte Felsen
abgearbeitet an
der Erdgeschichte

Hände aus dem
Moor gehoben
reißen gefaserte Erdstrünke
aus dem Torf

der Rücken gebeugt
auf der Brust das
Kreuz ora et labora
sie waren Kultivateure

Boden wird fruchtbar
Land geordnet
Gewässer reguliert
mit Menschen in Eintracht

nach der Regula Benedicti
kein Zins und keine
Pacht Arbeit und
Gebet auch heute

ach nur ein Gedanke …

Weihnachtsbotschaft

Worte
schlagen
das Kind
zu Brei
Weichsein
zum Anpassen
an die Welt
der Erwachsenen

Wörter
befehlen Krieg
sind Mordwaffe
doch nur ein
Wort siegt:
Liebe

Trennung

Hölderlins *Wenn aus der Ferne, da wir geschieden sind*
entlehnt

…wie still ist meine Seele
Über der Wahrheit dass du
Mir nie Freund dass in der
Dunklen Zeit in der wir uns
Gefunden du nur an dich
Dachtest mich zu nutzen
Meine Schönheit meine Jugend
Meine Fruchtbarkeit wir
Trafen uns nie in Gärten
Die ich liebte du hütetest das
Wort Verwalter der Grammatik
Lehrer du deiner Kinder
Meine Seele wollte fliegen
Nicht verwaltet werden
Nach dem Notensystem
Der Ministerien meine
Vagina wollte fliegen
Mit Mauerseglern zu
Himmelsgemälden nach
Den alten Meistern
Der Erdmutter weihen
Wir sind geschieden
Gewiß wo kein Samen
Eine Zweisamkeit findet
Wird Stroh geboren …

... *rast*

mit LKW in feiernde Menschen
erschießt Familie der Exverlobten
vergewaltigt Joggerin
mordet das Kurdische Volk
verjagt Flüchtende an der Grenze
ersticht den Konkurrenten
überfällt Synagogen
Moscheen Kirchen
besetzt fremde Länder
besiedelt die Gefängniszellen
es sind zu fast 100 Prozent
Männer ...

Orte der Erinnerung[17]
Zum 11. Juli 1995
Srebrenica

Seit tausenden jahren
Sticken frauen an stillen abenden
Tränen in tücher
Mit dem blut
Der erinnerung an ihre
Söhne und männer und väter
An ihre brüder

Seit tausenden jahren
Knieen sie nieder
Vor gräbern ohne wissen
Um die gebeine
Sie sticken namen
Gegen das vergessen

Seit tausenden jahren
Bleiben frauen zurück
Geschändet
Sie sticken für die hoffnung
Immer wieder
Leben

Lichtwandel ....

eine stunde fehlt
die sommerstunden
zählen doppelt
die vögel singen in den abend
die hummeln brummen
die bienen fehlen
die grashüpfer und schmetterlinge
frühmorgens die Feldlerche
spätabends die Nachtigall
auch das zählt

im flimmernden kornfeld
liegen wir kinder die hitze
erschlägt ihr zirpen schwer
lastet die stille und bricht
halm für halm erst nach
nach dem gewitter kommt
erfrischung wir
springen in den bach
und mit uns die kaulquappen

nichts fehlte
die armut
war reichlich
reichtum war es
phantasie zu haben
und zu genießen
jede stunde
auch die fehlende…

neues wohnen

vielleicht
bin ich allein
das merkt aber niemand
die geräusche sind die gleichen
das haus ist leer
jetzt baut keiner
mehr ein haus
die welken blätter
wehren sich gegen
das gebläse
ja da sind geräusche
unnütze wie alle
geräusche der stadt

nein hier wohnt niemand
ein mann schmeißt
sein baby vom balkon
er will Michael
Jackson nachmachen
der hatte viel geld
das baby wäre aufgefangen worden
in der stadt
fällt das nicht auf
das ist freiheit
wird gesagt
man will in ruhe
gelassen werden

Erntezeit

weites land
die mahd ist getan
menschen tanzen
johannisfeuer flackern
schwer hängen wolken
schleppen sich über
die zündelnden flammen
blitze durchzucken
den horizont
die grüntöne irisieren
die nächsten wochen
wird es wechselhaft
alles hat seine zeit

der spargel ist geerntet
die kirschen gepflückt
erdbeeren reifen mit
letzter kraft
die tagelöhner fahren
zurück in ihre heimat
wir hatten vitamine
im überfluss
wer Corona eingeschleppt
ist jetzt vergessen
auf den abgeernteten
feldern stolzieren
störche

... aus dem
wasser gestiegen
in die felsburg gekrochen
ich geworden
kaulquappe unfertig
der lurch
mich schnappte
auf die beine stellte
ich den aufrechten gang
lernte

Das Gedächtnis der Menschen
Für Ai Fen

Zeichen
Hieroglyphen Strich-Code
Piktogramme Buchstaben
Silben Wörter Sätze
Texte Impulse virtuell
Ein Bildnis ihrer selbst
– ein Universum
von Informationen
Eins zu verbreiten
Wissen -
um ein Virus
das Ai Fen eine Ärztin
entdeckte im
Zentralkrankenhaus
Wuhan am
30. Dezember 2019
Danach wurde die Welt
eine andere[18]

Vicki Baum – zum 60. Todestag

24. Januar 1888 Wien; † 29. August 1960 Los Angeles
Den für Demokratie in Hongkong kämpfenden
Menschen gewidmet

Eine erstklassige Schriftstellerin
zweiter Güte
Ironisch beschrieb sie sich
und ihre Zeitgenossen
Ebenso ließ sie sich nicht
in eine Religion pressen
Ich bin nicht religiös
also betrachte ich mich nicht als Jüdin –
noch bin ich jemals
als solche angesehen worden
Und doch schlug der Mob zu
verbrannte ihre Bücher im Mai 1933
Da war sie schon in weiser
Voraussicht ausgewandert
Menschen im Hotel
mit Greta Garbo verfilmt
Ich litt mit ihr
In China ist Bürgerkrieg
Die Menschen kämpfen
in ihrem Hotel Shanghai
für Frieden und Mitmenschlichkeit
Die beste der zweiten
Güte ist auch heute
noch mit Spannung
und Achtung zu lesen ...[19]

Mit Rosen gegen die Macht
Literaturnobelpreisträgerin Swetlana Alexijewitsch
und ihren Freundinnen zugeeignet

Der Krieg hat kein weibliches Gesicht
Schrieb sie
Der Widerstand aber ist weiblich
Frauen in Belarus
gegen den Titanen
ihnen folgen Hunderttausende
Menschenketten brechen
Herrschergewalt
Frauen schenken den Polizisten
Rosen – werft
Die Waffen weg
Arbeiter verlassen
die Fabriken
demonstrieren
gegen Willkür
Schöner Traum –
Demokratie vom Volk
erkämpft
Könnte wahr werden
in Belarus …

Jenny Schon

Jenny Schon ist gelernte Steuerfachfrau, gelernte Buch- und Kunsthändlerin, magistrierte Sinologin, Japanologin, Publizistin, studierte Kunsthistorikerin und Philosophin, seit 1995 freie Schriftstellerin, seit 1998 selbstständige Stadtführerin in Berlin.
PEN-Mitglied, Mitglied in der GEDOK, Künstlergilde e.V., Gründungsmitglied Kunstraumsteglitz e.V.

Preise:

Berner Lyrikpreis 2011;
Sonderpreis Landschreiber, Münster, 2015;
2016 Andreas-Gryphius-Preis;
2018 Preis Aufstieg durch Bildung, Mannheim, u.a.

Veröffentlichungen im Geest Verlag:

Lyrik

Böhmische/Ceska Polka, Gedichte, dt.-cz., 2005;
Wie Männer mich lehrten die Bombe zu halten und ich sie fallen ließ, Gedichte, 2009;
Fussvolk, Gedichte, 2012;
Endlich sterblich, Gedichte, 2016;
Lautes schweigen, Gedichte, 2018.

Prosa

Wo sich Gott und die Welt traf – Westberlin – Zum 50. Jahrestag –13. August 1961, 2011;
Finger zeig – Geschichten zum 25. Jahr der Maueröffnung; 2014;

…halbstark. Ein Roman der Nachkriegszeit, 2017;
Flüchtige…Erzählungen, 2019.

***

Christiane Lenz,

geb. 1951 in Berlin, Studium der Kunstgeschichte an der
FU Berlin, Kunststudium in Braunschweig. Seit 2006 freie
Malerin.
Zahlreiche Ausstellungen Malerei, Plastik, Grafik, Foto-
grafie. Illustrationen zu: Jenny Schon, Lautes Schweigen,
Gedichte, 2018, Geest Verlag.

Inhaltsverzeichnis

ders meine Freundin Annette: „...ist ja wahnsinn, wahnsinnig
schön, <u>wirklich wirklich</u> gut. hast du es jetzt gemacht??? ja muß
ja, blöde frage. es ist ewig und kurz, sehr schwer und sehr leicht
und sehr hoch und sehr tief und aber an keiner stelle übertrie-
ben. wirklich gut, Annette, 17.3.2020. das gedicht ist sehr, sehr
gut, Annette, 18.3. 2020
– Das Gedicht berührt mich. Es gefällt mir sehr. Vielen Dank,
Martin K., 18.3.2020.
– Liebe Jenny, dein Gedicht, das ich auf der Verlagsseite las,
spricht mich sehr an, danke dafür! Es sind schwierige Zeiten,
es begegnet uns etwas, das wir so nicht kannten. Eine Freun-
din aus Italien, die an der Uni lehrt, schrieb u. a. Vielleicht kann
uns allen ja aus dieser epochalen Verwerfung auch etwas
Neues und Besseres entstehen! Barbe L., Schriftstellerin, Ber-
lin, 20.3.20.
– Guten Morgen, Jenny, wie schön, von Dir zu hören, besser
gesagt, zu lesen. Ein starkes Gedicht! Von großer Kraft. Und
das in diesen bedrückenden Zeiten. Danke dafür. Heike R.,
Verlegerin, Köln, 27.3.20.
– Liebe Jenny! Völlig unerwartet so etwas Berührendes! Grad
wollte ich ins Bett gehen, ratlos und einsam – wie derzeit jeden
Tag. Zuvor wollte ich bloß noch den Laptop runterfahren, da
sah ich Ihren Namen, dann Ihre Mail – und dann dies wunder-
bare, melancholische, kluge, überraschende, ... Gedicht. Sie
haben mir eine große Freude gemacht, so sehr, dass ich wei-
nen möchte. Der Zweig in meinem Herzen, dürr war er und so
spröde, dass es schmerzte. Aber nun schlägt er aus und ist
vielleicht schon morgen voller grüner Blättchen. Vielen Dank
und eine (garantiert virenfreie) Umarmung! Ihre Katja L.,
Schriftstellerin, Berlin, 26.3.20.
Liebe Jenny, danke für Dein wunder-wunderschönes Gedicht.
Sigrun C., Schriftstellerin, Berlin, 27.3.20.

² Das Grab von Heinrich von Kleist und Henriette Vogel ist un-
bekannt. Die jetzige Gedenkstätte am Kleinen Wannsee kann

nach den Aussagen von Zeitzeugen nicht das Grab sein, es muss näher an der Straße und Wannseebrücke liegen.

[3] Am 15.4.2019 brannte ein Großteil von „Notre Dame" bis auf die zwei mittelalterlichen Türme bei Bauarbeiten nieder. Sie ist eine der ersten und ältesten Kathedralen der Gotik Frankreichs und Symbol der Freiheit der westlichen Welt. Unsterblich gemacht hat sie auch Victor Hugo mit dem Roman *Der Glöckner von Notre-Dame*, 1831.
Ich lebte bis in den 1960ern im Linksrheinischen und Frankreich und die Benelux-Länder waren meine ersten Auslandserfahrungen, die aber nicht so fremdländisch waren, waren doch viele in unserer Nachbarschaft eingeheiratet und verschwägert.

[4] Der Titel ist ein Theaterstück von Eugene O'Neill, das auf der Orestie des Aischylos beruht. In dem Drama begehen fast alle Familienmitglieder Inzest. Auch in der Coronakrise soll es aufgrund der Enge vermehrt zu ähnlichen Übergriffen gekommen sein.

[5] Georg Heym,* 30. Oktober 1887 in Hirschberg, Schlesien, und sein Freund Ernst Balcke, 9. April 1887 in Berlin, ertranken am 16. Januar 1912 in Gatow an der Havel beim Schlittschuhlaufen. Im Jahr 75 nach dem 2. Weltkrieg ist es für uns Nachgeborene unfassbar, dass so viele feinsinnige Künstler sich freiwillig für den 1. Weltkrieg einberufen ließen, August Macke, Franz Marc, selbst Käthe Kollwitz konnte ihren Sohn Peter nicht davon abhalten, sie starben alle den sogenannten Heldentod in den von Ernst Jünger so titulierten „Stahlgewittern".

[6] Eigentlich Marie Gouze, Schriftstellerin, Revolutionärin, * 7. Mai 1748 in Montauban; † 3. November 1793. Das Todesurteil wurde am 3. November 1793 auf der Place de la Concorde, Paris, durch die Guillotine vollstreckt.

[7] Johann Gottlieb Fichte, 19.05.1762 Rammenau, † 29.01.1814 Berlin, 1810 Professor für Philosophie in Berlin, Rektor der Berliner Universität 1811/12.

[8] *Freiheit, die ich meine* ist ein politisches Gedicht von Max von Schenkendorf und wurde in den Befreiungskriegen gegen Napoleon populär. Es wurde später auch von Nationalisten missbraucht. Neben Peter Maffay hatte auch Juliane Werding und die *Münchner Freiheit* den Titel verwendet.

[9] Greta Thunberg ist eine 2003 in Schweden geborene Umweltaktivistin, die die globale Bewegung *Fridays For Future* ins Leben gerufen hat.

[10] In den 1960er-Jahren war ich Buchhändlerin und Antiquarin am Kurfürstendamm in West-Berlin, ich wohnte in Halensee, wo eine Gedenktafel für Else Lasker-Schüler und Herwarth Walden, dem Herausgeber der Zeitschrift „Der Sturm", an dem Haus, wo sie lebten, angebracht wurde. *Weltende* ist ein berühmtes Gedicht von ihr. Ingeborg Bachmann und der Philosoph Jacob Taubes, für den ich später an der Freien Universität arbeitete, waren meine Kunden, die in dem Ortsteil Grunewald wohnten. Beide waren damals ein Liebespaar, was seine Briefe an mich bestätigen.
Bezieht sich auf Bachmanns Gedicht *Prag Jänner 64.*
Heinrich von Kleist, wegen seinem „Michael Kohlhaas" von frühster Jugend an mein Favorit, hat im Ortsteil Wannsee mit seiner Gefährtin eine Gedenkstätte am Kleinen Wannsee, wo sie am 21. November 1811 Selbstmord begingen.

[11] Der Lurch (Amphibie) ist das einzige Lebewesen, das die Dinosaurierzeit überlebt hat.

[12] Die Zeile *Der Tod ist ein Meister aus Deutschland* ist aus Paul Celans Gedicht *Todesfuge,* 1948 erstmals in Deutsch erschienen in seiner ersten Gedichtsammlung *Der Sand aus den Urnen,* berühmt geworden aber erst in dem Band *Mohn und Gedächtnis,* 1952.
Anmerkungen:
Liebe Jenny,
Dein Gedicht ist deutlich und intensiv, ein Spiegel eines Teils der Menschheitsgeschichte. Leider hat die Menschheit diese Seite auch, die gerne vertuscht oder verniedlicht wird.

Durchgehende Kriege, Forschungen, die Kriege brutaler, tödlicher auszustatten. Nach dem 2. Weltkrieg ging und geht es (leider) weiter – Korea, Vietnam (Laos, Kambodscha), Naher Osten, Kongo, Nordirland, Jugoslawien ... ja sogar einen so genannten "Fußballkrieg" nach einem Länderspiel zwischen Honduras und El Salvador ... und in den Achtzigerjahren die Neutronenbombe, an die wir heute nicht mehr denken, weil sie nicht mehr genannt wird (und sicherlich immer noch gibt). Nicht zu vergessen die so genannten Stellvertreterkriege und andere irre Handlungen dieser Art. In diesem Gedankengewirr, also dieser Art, wechsle ich über, denke an die andere Seite, die anderen Gesichter der Menschheit ...

Dein Gedicht erinnert daran, dass wir den Krieg nicht vergessen dürfen, dass wir den Frieden beobachten müssen – nicht nur beobachten, auch handeln, für dass der Frieden erhalten bleibt. Nicht einfach, jedoch möglich und erforderlich.

Die Todesfuge von Paul Celan hörte ich auf einer Aufnahme, von Celan gelesen. Zuerst stutzte ich – er las ohne Betonung, ohne stimmliche Dramatisierung – ganz richtig. Mit seiner Stimme, der Monotonie, höre ich, wenn ich mir diesen Mitschnitt anhöre, das Rattern der Züge Richtung Auschwitz. Der Tod ist ein Meister aus Deutschland ... Vielen Dank, Martin K., Lyriker.

Liebe Jenny,

das ist ein kraftvoller Text, der, denke ich, das schwierige Thema angemessen zum Ausdruck bringt. Dr. Helga U., Lyrikerin.

[13] Ich bin in Böhmen geboren mit böhmisch-österreichischer Verwandtschaft mütterlicherseits, wir wurden 1945 von Tschechischer Miliz massakriert und über Teplitz nach Sachsen und ins Rheinland vertrieben. Mein Vater war aus Brühl.

Beethoven, ein Bonner, ist auf dem Zentral-Friedhof in Wien begraben. Er war 1812 in Teplice/Nordwestböhmen zur Kur, wo er seine unsterbliche Geliebte traf, aber auch Goethe, der an Zelter schreibt: „Beethoven habe ich in Teplitz kennengelernt. Sein Talent hat mich in Erstaunen gesetzt; allein er ist leider eine ganz ungebändigte Persönlichkeit, die zwar gar nicht unrecht hat, wenn sie die Welt detestabel findet, aber sie

freilich dadurch weder für sich noch für andre genussreicher macht..."
Teplo (cz.) heißt warm und findet sich in Namen von Orten, wo warme Quellen sind.

[14] Ich besuchte im Frühjahr 2016 Hölderlin erneut in seinem Turm am Neckar ... als Kind war ich in den Fünfzigerjahren mehrmals bei einer Tante in Esslingen am Neckar in Ferien.
Ammer – Nebenfluss des Neckars bei Tübingen.
Mein Gedicht bezieht sich auf die beiden Hölderlin-Gedichte: „Hyperions Schicksalslied" und „Da ich ein Knabe war ..."

[15] aus: *Mensch,* Zeitschrift, 1965, Westberlin, Eigenverlag Jenny Schon.

[16] Die Stiftung südost Europa Kultur e.V. initiierte die „Rolle des Gedenkens", ein Band zur Erinnerung an die Getöteten der Kriege in Südosteuropa seit 1991. Die mit den Namen und Lebensdaten bestickten Tücher hatten Frauen in Erinnerung an ihre getöteten Kinder, Eltern, Geschwister sowie andere Angehörige und Freunde gestickt; viele der Frauen kommen aus Srebrenica. Die Schweizer Künstlerin Anna S. Braegger hat diese Taschentücher zu einem Band der Erinnerung zusammengefügt. In der Zeit vom 03.03.2017 bis zum 25.06.2017 wurde unter dem Titel *1000 Tücher gegen das Vergessen* die „Rolle des Gedenkens" im Museum europäischer Kulturen Berlin-Dahlem ausgestellt. Der 11. Juli ist Gedenktag.

[17] In der Gegend von Srebrenica wurden im Juli 1995 ungefähr 8.000 Bosniaken – fast ausschließlich Männer und Jungen zwischen 13 und 78 Jahren – getötet.
Das Massaker vom Juli 1995 gilt als das schwerste Kriegsverbrechen in Europa seit dem Ende des Zweiten Weltkrigs, neben den Morden bei den Vertreibungen nach Kriegsende 1945 infolge.

[18] Um das Interview mit Ai Fen, das am 10. März 2020 im Magazin *Renwu* erschien, nicht von der Zensur verschwinden zu lassen, hat die internationale Internet-Gemeinschaft dieses in allen chinesischen Schriftzechen, auch der uralten Orakelschrift, in allen Sprachen der chinesischen Minderheiten, europäischen Sprachen, ins Klingonische (einer Phantasiesprache aus Star Trek), in Blindenschrift, Morsezeichen, Strich-Code und Emoji-Piktogramme übersetzt, damit ist es der Menschheit erhalten.
Die Collage stammt von jemanden, der sich das Pseudonym „Liu Bowen" gibt. Liu Bowen ist ein berühmter Maler aus einer früheren chinesischen Dynastie.

[19] Am 9.9.20 um 15.30 Uhr habe ich einige Passagen aus der Charta für Menschenrechte und aus Baums Roman „Hotel Shanghai" gelesen vor ihrem Haus in der Königsallee 45 (Gedenktafel), Berlin-Grunewald, zur Unterstützung der Menschenrechte in Hongkong im Rahmen des Internationalen Literaturfestivals.